A ARTE DE CAMINHAR

THICH NHAT HANH

A ARTE DE CAMINHAR

Tradução
Edmundo Barreiros

Rio de Janeiro, 2021

Copyright © 2015 by Unified Buddhist Church. All rights reserved.
Copyright da tradução © 2021 by Casa dos Livros Editora LTDA
Título original: *How to Walk*

Todos os direitos desta publicação são reservados à Casa dos Livros Editora LTDA.
Nenhuma parte desta obra pode ser apropriada e estocada em sistema de banco de dados
ou processo similar, em qualquer forma ou meio, seja eletrônico, de fotocópia,
gravação etc., sem a permissão do detentor do copyright.

Diretora editorial: *Raquel Cozer*

Gerente editorial: *Alice Mello*

Editora: *Lara Berruezo*

Copidesque: *Anna Clara Gonçalves*

Revisão: *Camila Carneiro*

Capa: *Osmane Garcia Filho*

Diagramação: *Abreu's System*

CIP-Brasil. Catalogação na Publicação
Sindicato Nacional dos Editores de Livros, RJ

Hanh, Thich Nhat, 1926-
    A arte de caminhar / Thich Nhat Hanh; ilustração Jason
DeAntonis ; tradução Edmundo Barreiros. – 1. ed. – Rio de Janeiro:
Harper Collins Brasil, 2021.

    Título original: How to walk
    ISBN 978-65-5511-177-4

    1. Autoajuda 2. Depressão 3. Espiritualidade 4. Mindfulness
I. DeAntonis, Jason. II. Título.

21-65657   CDD: 158

Os pontos de vista desta obra são de responsabilidade de seu autor, não refletindo necessariamente a posição da HarperCollins Brasil, da HarperCollins Publishers ou de sua equipe editorial.

HarperCollins Brasil é uma marca licenciada à Casa dos Livros Editora LTDA.
Todos os direitos reservados à Casa dos Livros Editora LTDA.
Rua da Quitanda, 86, sala 218 – Centro
Rio de Janeiro, RJ – CEP 20091-005
Tel.: (21) 3175-1030
www.harpercollins.com.br

SUMÁRIO

Notas sobre caminhar 11
Meditação caminhando 97

A primeira coisa a fazer é levantar o pé. Inspire. Baixe o pé e o ponha na sua frente, primeiro o calcanhar, depois os dedos. Expire. Sinta o seu pé firme na Terra. Você já chegou.

Frequentemente caminhamos com o único propósito de ir de um lugar para o outro. Mas onde nos encontramos entre os dois? A cada passo podemos sentir o milagre de caminhar em solo firme. Nós podemos chegar ao momento presente a cada passo.

Quando aprendemos a andar, andávamos apenas pelo prazer de andar. Andávamos e descobríamos cada momento à medida que chegávamos até ele. Nós podemos aprender a andar desse jeito outra vez.

NOTAS SOBRE CAMINHAR

VOCÊ CHEGOU

Quando você caminhar, chegue com cada passo. Isso é meditar caminhando. Não é preciso mais nada.

POR QUE CAMINHAR?

As pessoas me perguntam: "Por que você pratica a meditação caminhando?". A melhor resposta que posso dar é: "Porque eu gosto". Cada passo me deixa feliz. Não adianta meditar caminhando se você não vai aproveitar cada passo que der; seria perda de tempo. O mesmo serve para a meditação sentada. Se alguém perguntasse: "De que adianta ficar sentado por horas e horas?". A melhor resposta seria: "Porque gosto de sentar". Sentar e caminhar podem trazer paz e alegria. Precisamos aprender a arte de sentar e caminhar para podermos gerar paz e alegria quando estivermos sentados ou andando. É preciso que conheçamos a arte de caminhar para aproveitarmos cada passo. O mindfulness e a concentração podem aumentar a qualidade da nossa respiração, do nosso sentar e dos nossos passos.

CHEGAR

Um dos ensinamentos mais profundos é também o mais curto: "Eu cheguei". Quando retornamos à nossa respiração, voltamos ao momento presente, nossa verdadeira casa. Não há necessidade de se esforçar para chegar a outro lugar. Sabemos que o nosso destino final é o cemitério. Por que estamos com pressa para chegar lá? Por que não andar na direção da vida, que existe no momento presente? Se praticarmos a meditação caminhando apenas por alguns dias, vamos passar por uma transformação profunda e aprender a desfrutar da paz em cada momento. Nós sorrimos, e inúmeros seres através do cosmo sorriem de volta para nós — nossa paz é muito profunda. Tudo o que sentimos, pensamos e fazemos tem um efeito em nossos ancestrais e nas gerações futuras, e reverbera através do cosmo.

PRATICANDO ALEGRIA

Podemos achar que a alegria é algo que acontece espontaneamente. Poucas pessoas percebem que ela precisa ser cultivada e praticada para crescer. O mindfulness é a prática contínua de viver profundamente cada momento da vida diária. Ter atenção plena é estar realmente presente com seu corpo e sua mente, trazer harmonia para suas intenções e ações e estar em sintonia com aqueles ao seu redor. Não precisamos separar tempo para isso fora de nossas atividades diárias. Podemos praticar o mindfulness em cada momento do dia enquanto andamos de um lugar para o outro. Quando passamos por uma porta, sabemos que estamos atravessando uma porta. Nossas mentes estão com as nossas ações.

ANDANDO NO PLANETA TERRA

Andar neste planeta é uma coisa muito maravilhosa de se fazer. Quando astronautas voltam à Terra, uma das coisas que eles ficam mais felizes em fazer é uma caminhada. Ao retornarem para casa, podem desfrutar da grama, das plantas, das flores, dos animais e dos pássaros a cada passo. Por quanto tempo você acha que eles desfrutam de andar sobre a Terra depois de voltar do espaço? Acredito que os primeiros dez dias sejam maravilhosos. Mas, com o tempo, eles se acostumam, e talvez um ano depois não se sintam mais tão felizes como nos primeiros meses depois de voltar para casa. Toda vez que damos um passo nesta Terra, podemos apreciar o solo firme sob nós.

EU CAMINHO POR VOCÊ

Muitos de meus ancestrais e de amigos da minha geração já se foram. Um grande amigo meu está em uma cadeira de rodas e não pode andar. Outro amigo tem tanta dor nos joelhos que não pode subir e descer escadas. Então eu caminho por eles. Quando inspiro, digo para mim mesmo: "É maravilhoso que eu ainda consiga andar assim". Com essa consciência, posso aproveitar cada passo. Eu digo: "Estou vivo!". A atenção plena me lembra de perceber e desfrutar que meu corpo está vivo e forte o suficiente para caminhar.

SONAMBULISMO

Vivemos em uma correria tão grande, procurando felicidade em um lugar e depois em outro. Nós andamos como sonâmbulos, sem desfrutar do que fazemos. Estamos andando, mas em nossas mentes já estamos fazendo outra coisa: planejando, organizando, nos preocupando. Não há mais necessidade de correr. Toda vez que voltamos a atenção para a nossa respiração e para os nossos passos, é como se acordássemos. Cada passo nos traz de volta para o aqui e agora. Podemos tocar a Terra, ver o céu e perceber todas as maravilhas entre eles. Em cada passo há a possibilidade de mindfulness, concentração e introspecção.

ESCLARECIMENTO

Desfrutar da meditação caminhando não é difícil. Você não precisa praticar andar com atenção plena por dez anos para se tornar uma pessoa iluminada. Você só precisa de alguns segundos. É necessário apenas se tornar consciente de que está caminhando. Consciência já é esclarecimento. Cada um de nós é capaz de ter atenção plena em nossa inspiração e nossa expiração. Quando você inspirar, tenha consciência de que está inspirando. Tenha consciência de que tem um corpo, de que você está inspirando e nutrindo esse corpo. Tenha consciência de que seus pés são fortes o bastante para que você desfrute caminhar. Isso também é se tornar iluminado. Quando você expirar, tenha consciência do ar que sai de seu corpo. Tenha consciência de que você está vivo. Isso pode lhe trazer muita felicidade.

CAMINHANDO NO AEROPORTO

Quando vou ao aeroporto, gosto de chegar cedo para meditar caminhando antes do voo. Há cerca de trinta anos, eu estava andando no aeroporto de Honolulu. Alguém se aproximou e me perguntou: "Quem é você? Qual sua tradição espiritual?". Eu disse: "Por que você pergunta?". E ele respondeu: "Porque vejo que a sua maneira de andar é muito diferente dos outros. É muito pacífica e relaxada". Ele havia me abordado apenas pelo jeito como eu andava. Eu não havia feito um discurso nem dado uma palestra. A cada passo que você dá, você pode criar paz dentro de si mesmo e transmitir alegria para as outras pessoas.

SUBINDO A MONTANHA

Uma vez viajei com uma delegação para a China e subi o Monte Wutai, um lugar famoso no país. A trilha até o cume é muito íngreme e normalmente as pessoas chegam exaustas. Há 1.080 degraus para subir. Antes de começar, sugeri à nossa delegação respirar, dar um passo, relaxar; respirar, dar mais um passo e relaxar. Nossa intenção era subir a montanha de um jeito que pudéssemos desfrutar de cada momento da subida. A cada dez degraus aproximadamente, nós nos sentávamos, olhávamos ao redor, respirávamos e sorríamos. Nós não precisávamos chegar. Nós chegávamos em cada passo, com paz, tranquilidade, solidez e liberdade. Quando chegamos ao topo, todo mundo estava muito feliz e cheio de energia. Cada passo, mesmo monte acima, pode trazer mindfulness, concentração, alegria e compreensão.

CAMINHANDO COM DANIEL BERRIGAN

Um dia, em Nova York, convidei Daniel Berrigan, padre católico, poeta e ativista da paz, para dar uma caminhada no Central Park. Eu disse a ele: "Sem conversa, vamos apenas caminhar". O padre Berrigan era muito mais alto que eu e suas pernas eram muito compridas; um passo seu era igual a dois dos meus. Nós começamos juntos, mas depois de alguns passos ele já estava bem à frente. Quando ele se virou e viu que eu não estava ao seu lado, ele parou e esperou. Eu não corri. Estava determinado a andar devagar e com atenção plena, no meu próprio ritmo. Eu estava determinado a prestar muita atenção aos meus passos e à minha respiração, do contrário sabia que ia me perder e me deixar levar pela ideia de que havia pressa. Cada vez que eu o alcançava, andávamos juntos por algum tempo, depois ele ficava na frente novamente. Eu sempre mantinha meu próprio ritmo. Depois, ele foi me visitar na

França e teve uma chance de aprender e praticar a meditação caminhando. Ele conseguiu caminhar sem se apressar mesmo quando voltou para Nova York.

CAMINHANDO NA BELEZA

Você pode caminhar com atenção plena até mesmo na rua mais movimentada. Às vezes, porém, pode ser útil praticar em um parque ou outro lugar bonito e tranquilo. Ande devagar, mas não devagar demais de forma a atrair atenção para si mesmo. Esse é um tipo de prática invisível. Desfrute da natureza e de sua própria serenidade sem deixar os outros desconfortáveis nem se exibir com isso. Se você vir algo que o faça querer parar e apreciar — o céu azul, as montanhas, uma árvore ou um pássaro —, simplesmente pare e continue inspirando e expirando com atenção plena. Se não continuarmos a respirar com consciência, cedo ou tarde nosso pensamento voltará a se perder, e o pássaro e a árvore desaparecerão.

CORRER

Há uma tendência a correr em todos nós. Existe uma crença de que a felicidade não é possível aqui e agora, então estamos propensos a correr para o futuro em busca de felicidade. Esse hábito enérgico pode ter sido transmitido para nós por nosso pai, nossa mãe ou nossos ancestrais. Correr se tornou um hábito. Mesmo em nossos sonhos continuamos a correr e a procurar alguma coisa. A prática do mindfulness nos ajuda a parar de correr e a ver que tudo o que temos procurado está aqui. Muitos de nós têm corrido a vida inteira. Um passo com atenção plena pode nos ajudar a parar de correr. Quando a mente está concentrada na respiração e no andar, estamos unificando corpo, discurso e mente, e já estamos em casa.

DE UM LUGAR PARA O OUTRO

É possível aproveitar cada passo que damos, não apenas enquanto meditamos caminhando, mas a qualquer momento, sempre que você precisar ir de um lugar para o outro, não importa o quão curta seja a distância. Se você está dando cinco passos, então dê esses passos com atenção plena, sentindo sua estabilidade a cada passo. Quando você subir uma escada, suba cada degrau com alegria. A cada passo, você pode gerar sua melhor energia e transferi-la para o mundo.

SILÊNCIO

No Plum Village, centro de meditação onde moro no sudoeste da França, não falamos enquanto caminhamos. Isso nos ajuda a desfrutar 100% da caminhada. Se você falar bastante, será difícil vivenciar seus passos profundamente, e você não irá aproveitá-los muito. O mesmo acontece quando você bebe uma xícara de chá: se está concentrado e focar a atenção na bebida, a ação se transformará em uma grande alegria. O mindfulness e a concentração trazem prazer e compreensão.

CAMINHANDO POR NOSSOS ANCESTRAIS E GERAÇÕES FUTURAS

Todos os nossos ancestrais e as gerações futuras estão presentes em nós o tempo inteiro. A felicidade não é uma questão individual. Enquanto os antepassados em nós estiverem sofrendo, não conseguiremos ser felizes e vamos transmitir esse sofrimento para os nossos filhos e os filhos deles. Quando caminhamos, podemos andar por nossos ancestrais e descendentes. Talvez eles tenham tido que caminhar com tristeza; talvez tenham sido forçados a marchar ou migrar. Quando caminhamos livremente, estamos caminhando por eles. Se conseguimos dar um passo livre e alegre, tocando a Terra com atenção plena, então podemos dar cem passos como esse. Nós fazemos isso por nós mesmos e por todas as gerações passadas e futuras. Todos chegamos ao mesmo tempo e encontramos paz e felicidade juntos.

O ENDEREÇO DA VIDA

Quando você andar com atenção plena, apenas desfrute da caminhada. A técnica para praticar é andar e apenas estar exatamente onde você está, mesmo que esteja em movimento. Seu verdadeiro destino é o aqui e agora, porque só neste momento e neste lugar a vida é possível. O endereço de todos os grandes seres é no "aqui e agora". O endereço da paz e da luz também é no "aqui e agora". Você sabe aonde ir. Cada inspiração, cada expiração, cada passo que você dá devem levá-lo de volta para esse endereço.

DEDIQUE-SE POR INTEIRO

Empenhe-se totalmente em dar um passo. Ao tocar o chão com o seu pé, você produz o milagre de estar vivo. Você torna a si mesmo e a Terra reais a cada passo. A prática deve ser intensa e determinada. Você está se protegendo da energia do hábito que está sempre te pressionando a correr e a se perder nos pensamentos. Leve toda a atenção para a sola de seus sapatos e toque a Terra como se estivesse beijando-a com os pés. Cada passo é como o selo de um imperador em um decreto. Caminhe como se você deixasse a marca de sua solidez, de sua liberdade e de sua paz na Terra.

PARAR E ENCONTRAR A CALMA

Caminhar é um jeito maravilhoso de nos acalmar quando estamos preocupados. Quando caminhamos, concentramos toda a nossa consciência no andar, suspendendo o nosso pensar, as narrativas, as culpas e os julgamentos que existem em nossas cabeças e nos levam para longe do momento presente. Concentrar-se no corpo ajuda a interromper os pensamentos incessantes. Quando as coisas não estão indo bem, é bom parar de pensar para prevenir que energias desagradáveis e destrutivas continuem. Parar não significa reprimir; significa, antes de tudo, se acalmar. Se queremos que o oceano fique calmo, não jogamos fora sua água. Sem água, nada resta. Quando percebemos a presença da raiva, do medo e da agitação em nós, não precisamos descartá-los. Temos de inspirar e expirar conscientemente e dar cada passo com atenção plena. Permita-se afundar profundamente no aqui e agora, porque a vida está disponível apenas no momento presente. Isso já é suficiente para acalmar a tempestade.

RECUPERANDO A NOSSA SOBERANIA

Quando somos puxados e empurrados em direções diferentes, perdemos a nossa soberania. Não estamos livres. Não se permita mais ser levado. Resista. Cada passo com atenção plena é um passo em direção à liberdade. Esse tipo de liberdade não é política. É liberdade do passado, do futuro, de nossas preocupações e medos.

APENAS CAMINHE

Quando você caminhar, apenas caminhe. Não pense. Não fale. Se quiser falar com outras pessoas ou comer um lanche, você pode parar para fazer isso. Desse jeito, você vai estar totalmente presente na caminhada e vai estar totalmente presente para a pessoa com quem conversa. Você pode se sentar em algum lugar para fazer sua ligação telefônica em paz, para comer a sua comida ou beber o seu suco com atenção plena.

CAMINHAR É UM MILAGRE

Nossa verdadeira casa é o momento presente. Viver no momento presente é um milagre. Quando inspiro, me sinto vivo, me vejo como um milagre. Quando olho para uma laranja com atenção plena, vejo que ela é um milagre. Quando descasco a fruta com atenção plena, vejo que comê-la também é um milagre. O fato de você ainda estar vivo é um milagre. Milagres são coisas que você faz várias vezes todos os dias com o poder do mindfulness. O milagre não é andar sobre a água, mas andar na Terra no momento presente, para apreciar a paz e a beleza que estão disponíveis no agora. Eu faço esse milagre toda vez que caminho. Você também pode fazê-lo sempre que quiser.

A MÃE TERRA

Quando caminhamos, tocamos a Terra. É uma grande felicidade poder tocar a Terra, a mãe de todos os seres deste planeta. Enquanto caminhamos, devemos ter consciência de que estamos andando em um ser vivo que está sustentando não apenas nós, mas toda a vida. Muito mal foi feito à Terra, então agora é hora de beijar o chão com os nossos pés, com o nosso amor. Enquanto você está caminhando, sorria — esteja no aqui e agora. Ao fazer isso você transforma o lugar em que está andando em um paraíso.

DEIXANDO MARCAS NA TERRA

Todos andamos o tempo inteiro, mas normalmente só andamos porque precisamos fazer isso, para chegar a algum lugar. Quando andamos assim, deixamos marcas de ansiedade e tristeza na Terra. Nós temos a capacidade de andar de um jeito que só deixa marcas de paz e serenidade no planeta. Todos nós podemos fazer isso, qualquer criança pode fazer isso. Se nós podemos dar um passo assim, podemos dar dois, três, quatro e cinco. Quando conseguimos dar um passo de forma pacífica e feliz, estamos criando mais uma pegada de paz e felicidade para toda a humanidade.

ALCANÇANDO A PAZ

A possibilidade de paz está ao nosso redor, no mundo e na natureza. A paz também está dentro de nós, em nossos corpos e espíritos. O ato de caminhar irá regar as sementes de paz que já estão dentro de nós. Nossos passos com atenção plena nos ajudam a cultivar o hábito de alcançar a paz em cada momento.

UM CONTRATO COM A ESCADA

Faça um acordo com o lance de escadas que você usa com mais frequência. Tome a decisão de sempre praticar meditação caminhando nessa escada, para cima e para baixo; não suba distraidamente. Se você se comprometer com isso e então perceber que subiu vários degraus no esquecimento, volte e torne a subi-los. Há mais de vinte anos, assinei um acordo desses com a minha escada e ele me trouxe muita alegria.

CAMINHANDO NO CAPITÓLIO

Uma vez oferecemos um retiro para membros e funcionários do congresso em Washington D.C., e alguns dos participantes continuaram a meditar caminhando todos os dias. Todos eles andavam muito rápido, então precisaram ser diligentes para continuar a praticar o que aprenderam no retiro, mas alguns conseguiram. Eles me contaram que sempre meditam caminhando de seu gabinete até o lugar onde votam. Dizem que podem sobreviver melhor em seu ambiente por causa desse tipo de prática, mesmo durante as sessões mais difíceis e conflituosas.

CAMINHANDO COM OUTRAS PESSOAS

Já estive em multidões de duas ou três mil pessoas que meditavam caminhando juntas. É muito poderoso. Todas dão apenas um passo de cada vez e estão totalmente concentradas nesse passo. Por favor, organize as coisas para que durante o seu dia você tenha muitas oportunidades para caminhar com mindfulness por conta própria. Você também pode praticar com outras pessoas para ter apoio, pode chamar um amigo para ir com você. Se você está com uma criança, pode pegá-la pela mão e andar com ela.

UM CADERNO DE KUNG FU

As palavras "kung fu" significam prática diária diligente. Você não precisa fazer artes marciais para ter uma prática diária. Caminhar pode ser essa prática. No fim do dia você pode refletir e escrever sobre a prática que teve durante o dia, o que percebeu sobre andar, respirar, sorrir ou falar. Seria uma pena se você passasse o dia inteiro sem desfrutar do andar. Ter pés e não usá-los é um desperdício. Alguém está lhe dizendo isso agora para que no futuro você não possa dizer: "Ninguém me falou que era importante desfrutar dos meus pés".

O FRUTO DE NOSSA PRÁTICA

Quando você anda com muita ternura e felicidade neste belo planeta, você está vivendo em paz. Na prática budista, é dito que o bodisatva Avalokiteshvara, um ser com grande compaixão, passa todo o seu tempo na Terra desfrutando do caminhar, surfando nas ondas do nascimento e da morte, sorrindo. Nós deveríamos ser capazes de fazer o mesmo. Se pudermos realmente nos sentir confortáveis enquanto caminhamos, isso é a prática — mas também é o fruto de nossa prática. Esses são os momentos em que viver vale a pena.

CALÇANDO OS SAPATOS

Todos os dias você calça seus sapatos e anda em algum lugar. Então todo dia você tem uma oportunidade de praticar mindfulness que não toma tempo extra. Você tira os sapatos e os calça. Esse também é um momento para prática e prazer.

OS PÉS DE BUDA

Se você der os seus pés a energia da atenção plena, seus pés se tornam os pés de Buda. Você pode ter visto pessoas que andam com os pés de Buda; é possível dizer só de vê-las. É muito fácil. Se você tem um carro elétrico, leva algumas horas para recarregá-lo. Mas para dar os seus pés a energia do mindfulness, você não precisa nem de meia hora. O poder da atenção plena se manifesta imediatamente. Cabe a você decidir caminhar com os pés de Buda.

CAMINHAR E FALAR

Frequentemente, quando caminhamos, estamos falando com alguém ao nosso lado, ou pensando no que precisamos fazer em seguida, ou até mesmo olhando para os nossos celulares, sem olhar para onde estamos ou para onde vamos. Quando você andar, tente apenas andar. Tente não caminhar e falar ao mesmo tempo. Se você precisar dizer alguma coisa, pare e diga. Não vai levar muito mais tempo. Então, depois que terminar, você pode voltar a andar.

CAMINHANDO NA PRISÃO

Tenho uma amiga que se formou em Literatura Inglesa pela Universidade de Indiana e depois foi trabalhar como freira no Vietnã. Ela foi detida pela polícia e levada para a prisão por seus apelos públicos pela paz. Ela fez o possível para praticar a meditação caminhando e sentada em sua cela. Era difícil porque, durante o dia, se os guardas a vissem meditando, eles consideravam isso um gesto de provocação. Ela tinha de esperar até que eles apagassem a luz para praticar. Ela fazia a meditação caminhando, embora sua cela tivesse apenas um metro quadrado. Na prisão, eles tiraram muitas de suas liberdades, mas não conseguiram roubar a sua determinação e prática.

ENCONTRANDO TRANQUILIDADE

Se caminhar parecer difícil ou desafiador, pare. Deixe que sua respiração o conduza. Não force. Uma vez, eu estava em um aeroporto lotado. As pessoas estavam aglomeradas ao meu redor, tão perto que eu não conseguia nem andar. Eu não conseguia dar um passo. Comecei a abrir caminho através delas, mas então parei. Eu me lembrei de que não tinha a obrigação de fazer nada. Fiquei muito relaxado porque senti que Buda estava andando, não eu. Se fosse eu, talvez não tivesse ficado tão relaxado ou compassivo assim. Logo que parei e relaxei, consegui andar livremente. O aeroporto ainda estava lotado, mas eu dei cada passo devagar, com tranquilidade e alegria.

CAMINHANDO POR OUTRAS PESSOAS

Às vezes, digo que caminho por minha mãe ou que meu pai está gostando de caminhar comigo. Eu caminho por meu pai. Eu caminho por minha mãe. Eu caminho por meu professor. Eu caminho por meus alunos. Talvez seu pai nunca tenha sabido como caminhar com atenção plena, desfrutando de cada momento. Então eu faço isso por ele, e nós dois nos beneficiamos.

UMA LONGA CAMINHADA

Depois de sua iluminação em Bodhgaya, Buda praticou a meditação caminhando em torno de um lago de lótus próximo. Então ele quis compartilhar seus aprendizados com os seus amigos, que estavam no Parque dos Cervos, em Sarnath. Assim, ele caminhou de Bodhgaya até Sarnath para encontrá-los. Ele andou sozinho por plantações de arroz e florestas. Deve ter levado pelo menos duas semanas para chegar lá, mas ele aproveitou cada passo. Quando Buda encontrou os seus velhos amigos, ele compartilhou o seu primeiro ensinamento.

NIRVANA

O nirvana é algo que não pode ser descrito. Você tem que prová-lo pessoalmente. Se você nunca comeu kiwi, ninguém pode descrever o sabor para você. A melhor maneira de descobrir é experimentando. Então você vai saber imediatamente o gosto do kiwi. Com o nirvana é a mesma coisa. Você precisa prová-lo pessoalmente. O nirvana está disponível para você agora mesmo em cada passo. Você não precisa morrer para entrar nele. Ele não é vago nem distante. Se todo passo que você dá o leva para perto da liberdade, então você já pode experimentar o nirvana.

CAMINHANDO PARA CASA

Caminhar une a mente e o corpo. Só quando mente e corpo estão unidos estamos realmente no aqui e agora. Quando andamos, voltamos para casa, para nós mesmos. Se você está ocupado falando enquanto caminha, ou planejando o futuro, você não vai desfrutar de sua inspiração e expiração. Você não vai desfrutar de estar totalmente no momento presente. Nós não precisamos nos esforçar para inspirar, porque estamos inspirando e expirando o tempo inteiro. Só precisamos nos concentrar na respiração e no andar. Em pouco tempo, você volta para casa, para seu corpo, e aí está você, bem estabelecido no aqui e agora.

ENERGIA COLETIVA

Quando caminhamos com outras pessoas, a energia coletiva da atenção plena que geramos é muito poderosa. Ela ajuda a curar o mundo todo. Quando andamos juntos, produzindo a energia da atenção plena, indo para casa, para o aqui e agora, podemos sentir o paraíso sob os nossos pés; e você pode ver todo esse paraíso ao seu redor.

GERANDO ENERGIA DE ATENÇÃO PLENA

Quando caminhamos, produzimos energia de atenção plena. Em vez de pensar nisso ou naquilo, tenha apenas consciência do contato entre o seu pé e o chão. Se prestar atenção a esse contato, isso terá grande poder curativo. Não espere até você ter um grupo ou um horário marcado. Toda vez que você precisar ir de um lugar ao outro, pode aplicar as técnicas de meditação caminhando. De sua sala até a cozinha, de seu carro até seu local de trabalho, não se apresse e desfrute de cada passo. Pare de pensar, pare de falar e toque a Terra com seus pés. Se você desfrutar de cada passo, sua prática está boa.

ESTABILIDADE

Quando o passado e o futuro não conseguem mais distraí-lo, todo passo é estável. Você está firmemente estabelecido no aqui e agora. Estabilidade e liberdade são os alicerces da felicidade. Se você não é estável, se você não é livre, a felicidade não é possível. Então, cada passo é para cultivar mais estabilidade e liberdade. Enquanto anda, você pode dizer para si mesmo: "Eu sou estável. Eu sou livre". Isso não é uma autossugestão nem um desejo. É uma compreensão. Como você está bem estabelecido no aqui e agora, você se dá conta dessa verdade a cada passo.

SE LIVRANDO DO PASSADO

A maioria de nós anda sem correntes e mesmo assim não é livre. Estamos amarrados a remorsos e antigas tristezas. Voltamos ao passado e continuamos a sofrer. O passado é uma prisão. Mas agora você tem a chave para destrancar a porta e chegar ao momento presente. Você inspira, leva a sua mente para a casa em seu corpo, dá um passo e chega ao aqui e agora. Aqui estão a luz do sol, as belas árvores e o canto dos pássaros.

CUIDANDO DO FUTURO

Há aqueles de nós que são prisioneiros do futuro. Nós não sabemos o que vai acontecer, mas nos preocupamos tanto que o futuro se transforma em uma espécie de prisão. O verdadeiro futuro é feito de apenas uma substância: o presente. Do que mais o futuro pode ser feito? Se soubermos cuidar do momento presente da melhor maneira possível, isso é tudo o que podemos fazer para nos garantir um bom futuro. Nós construímos o futuro cuidando do momento presente. Esse cuidar inclui respirar com atenção plena, desfrutar de sua inspiração e expiração. A cada passo, você chega ao futuro que está construindo. Faça dele um futuro de paz e compaixão.

ESCUTE OS SEUS PULMÕES

Deixe que os seus próprios pulmões determinem a sua respiração. Nunca force a respiração. Ao andar, ajuste os seus passos à sua respiração, não o contrário. Você pode começar dando dois passos para a inspiração e três passos para a expiração. Se, conforme continua a andar, seus pulmões dizem que estariam mais felizes dando três passos para inspirar e cinco passos para expirar, então você anda três passos e depois cinco. Claro, quando você está subindo um monte, o número de passos que você pode dar com cada respiração vai se reduzir naturalmente. Durante a meditação caminhando, eu percebo que normalmente inspiro por quatro passos e expiro por seis. Mas quando estou subindo, dou dois passos para cada inspiração e três para cada expiração. Quando é muito íngreme, às vezes dou um passo para cada inspiração e três, dois ou mesmo um para cada expiração. Precisamos nos adaptar. Ouvir seu corpo enquanto caminha vai ajudar a tornar cada passo agradável.

ENTRANDO EM CONTATO

Às vezes, quando visito amigos ou alunos de lugares distantes, eles querem manter contato. Há quarenta anos não uso um telefone. A maioria de nós fala muito ao telefone, mas isso não significa que há uma boa comunicação com a outra pessoa. Eu não tenho endereço de e-mail. Mas você não precisa de um telefone ou de um computador para entrar em contato comigo. Se você apenas andar de sua casa até o ponto de ônibus em atenção plena e desfrutar de cada passo, estamos conectados. Se você praticar respirar e andar com mindfulness, estaremos conectados o tempo todo. Quando as pessoas me pedem meu endereço, eu digo a elas: "É o aqui e agora".

ESQUECIMENTO

Estamos vivendo no esquecimento há muitos anos. O esquecimento é o oposto da atenção plena. Mindfulness é lembrar que a vida é uma maravilha; estamos aqui e devemos viver nossas vidas profundamente. Sabemos que queremos estar mais presentes, mas com muita frequência não fazemos isso. Precisamos de um amigo ou de um professor para nos lembrar. A Terra pode ser uma professora. Ela está sempre aí, saudando os seus pés, mantendo-o sólido e embasado.

TREINANDO NÓS MESMOS

Há aqueles de nós que, já na primeira vez caminhando com atenção plena, conseguem chegar. Outros de nós acham isso difícil, porque o hábito de correr é muito forte. Eu me lembro que um dia um jornalista de Paris veio me entrevistar. Ele foi convidado a se juntar a nós em uma meditação caminhando antes de fazermos a entrevista. Ele sofreu muito durante a caminhada. Ele disse depois que foi exaustivo. Estava tão acostumado a correr que andar com atenção plena e devagar eram um trabalho cansativo! Então precisamos nos treinar a andar. Nós andamos de um jeito que cada passo pode nos ajudar a parar de correr a corrida sem sentido e entrar em contato com as maravilhas da vida disponíveis no aqui e agora.

CADA PASSO É UM ATO DE RESISTÊNCIA

Cada passo é uma revolução contra estar ocupado. Cada passo com atenção plena diz: "Não quero mais correr. Quero parar. Quero viver a minha vida. Não quero perder as maravilhas da vida". Quando você consegue realmente chegar, há paz interior porque você não está mais lutando. Cada pegada tem paz em si mesma, ela tem em si a marca do aqui e agora. Você pode gostar de chegar e se sentir em casa por três, quatro, cinco ou dez minutos, pelo tempo que quiser. Uma hora de prática já inicia a revolução.

RECONHECENDO O CORPO

Temos um corpo físico, o que é maravilhoso. Mas esse corpo físico um dia vai se desintegrar. Essa é a verdade que temos de aceitar. Na superfície, há nascimento e morte, ser e não ser. Mas, se você vai mais fundo, reconhece que também tem um corpo cósmico que existe fora do nascimento e da morte, do ser e do não ser. Uma onda no oceano não dura muito. O corpo físico de uma onda dura cinco, dez ou vinte segundos. Mas a onda tem seu corpo oceânico, porque ela vem do oceano e vai voltar para o oceano. Se você andar com atenção plena, se sua concentração e percepção forem poderosas, a cada passo você pode tocar seu corpo cósmico e assim perder todo o medo e a incerteza.

CRIANDO UM HÁBITO DE CAMINHAR COM ATENÇÃO PLENA

Toda vez que você precisa ir a algum lugar, mesmo que seja uma distância muito curta de dois ou três passos, você pode praticar caminhar com mindfulness. Logo vai se tornar um hábito. Você vai ver que está andando com atenção plena para pegar o celular ou para fazer seu chá. Você pode não perceber no início por que não se sente apressado ou por que você está mais feliz quando entra pela porta. Cultivar um hábito diário de meditação caminhando é grátis e não leva mais tempo do que você já leva para andar.

DANDO UM EXEMPLO

Quando você caminha com consciência plena, você dá um exemplo para todo mundo que o vê, mesmo que não perceba. Quando o vemos andar com liberdade, com paz, com alegria, podemos ficar motivados pelo desejo de espelhá--lo. Juntos, sem esforço, criamos uma atmosfera maior de paz e felicidade.

INTENÇÃO

A intenção de desfrutar de seus passos e sua respiração não é suficiente; você precisa de mindfulness e introspecção. Se todo passo que você dá lhe traz alegria, é porque ao dar um passo você tem atenção plena e introspecção. Sem compreensão, é impossível desfrutar de sua inspiração e expiração. Você não pode se forçar a desfrutar de sua respiração ou seus passos. Respirando com atenção plena, dando passos com consciência, a alegria vem com naturalidade e facilidade.

A SOLA DE SEU PÉ

Você pode querer concentrar a sua atenção na sola de seu pé. Sinta o contato entre o seu pé e o chão. Você está lá embaixo com o seu pé, não aqui em cima em sua cabeça. Há a sensação de que você está tocando a bela Mãe Terra.

ANDANDO POR TODO LADO

Na época de Buda não havia carros, trens e aviões. De vez em quando, Buda usava um barco para viajar por um rio ou atravessá-lo. Mas, principalmente, ele andava. Durante seus 45 anos de orientações, ele visitou e ensinou em cerca de catorze ou quinze países da Índia e do Nepal antigos. Isso correspondia a muitas caminhadas. Muitos de seus ensinamentos, muitas de suas compreensões, vieram de suas experiências nessas caminhadas.

CAMINHANDO PELO GANGES

Na primeira vez que fui à Índia, tive quinze minutos para contemplar a paisagem antes de aterrissar na cidade de Patna. Eu vi o rio Ganges pela primeira vez. Como monge noviço, aprendera sobre o Ganges e suas areias, numerosas demais para serem contadas. Sentado no avião, olhei para baixo e vi as pegadas de Buda por todo lado ao longo das margens do rio Ganges. É certo que Buda andou de um lado para outro várias vezes ao longo desse rio. Ele andou assim por 45 anos, levando a sua sabedoria e a sua compaixão e compartilhando a sua prática de libertação com muitas pessoas, de reis e ministros a catadores e pobres.

A PRÁTICA DA NÃO PRÁTICA

Quando Buda caminhava, ele não parecia estar meditando. Ele não tinha acesso a nenhuma ferramenta especial; ele tinha apenas dois pés, como o resto de nós, e gostava de andar. A melhor maneira de praticar tem a aparência de não praticar, mas é muito profunda. Você não faz esforço, não há dificuldade, apenas desfruta do andar. "Minha prática", disse Buda no *Sutra de quarenta e dois capítulos*, "é a prática da não prática, a obtenção da não obtenção." Se sua prática é natural, se leva à felicidade, é o melhor tipo de prática. Você não parece estar meditando, mas está praticando profundamente.

INTENÇÃO

Meditar caminhando é um jeito de praticar se movimentar sem um objetivo ou intenção. Caminhar com atenção plena significa simplesmente andar com a consciência de cada passo e de nossa respiração. Podemos até praticar respiração com mindfulness e meditação caminhando entre compromissos de trabalho ou no estacionamento do supermercado. Podemos manter os passos lentos, relaxados e calmos. Não há correria, nenhum lugar aonde chegar, nenhuma pressa. Caminhar com atenção plena pode liberar nossas tristezas e nossas preocupações e ajudar a trazer paz para o corpo e para a mente.

AMAR A TERRA

Quando estamos amando alguém ou alguma coisa, não há separação entre nós e a pessoa ou coisa que amamos. Nós fazemos todo o possível por elas, e isso nos traz grande alegria e nutrição. Quando vemos a terra dessa maneira, caminhamos sobre ela com mais delicadeza.

ANDANDO DO LADO DE FORA

Quando abrimos a porta e saímos para o ar fresco, podemos entrar imediatamente em contato com o ar, a Terra e todos os elementos ao nosso redor. Quando caminhamos, sabemos que não estamos pisando em algo inanimado. O chão em que estamos andando não é matéria inerte. Entendendo a Terra desse jeito, podemos andar pelo planeta com tanto respeito e reverência quanto andaríamos em uma casa de oração ou em qualquer espaço sagrado. Podemos levar nossa consciência total a cada passo. Passos como esses têm o poder de salvar nossas vidas.

CAMINHADA MATINAL

Toda manhã quando acordo e me visto, deixo minha cabana e saio para caminhar. Normalmente o céu ainda está escuro e eu ando com delicadeza, consciente da natureza a minha volta e das estrelas que se apagam. Quando penso na Terra e em minha habilidade de andar sobre ela, penso: "Eu vou sair para a natureza, desfrutando de tudo o que é belo, desfrutando de todas as suas maravilhas". Meu coração se enche de alegria.

CAMINHANDO NA CIDADE

Tente praticar caminhar com atenção plena em sua vida diária. Quando for até o ponto de ônibus, transforme isso em uma meditação. Mesmo se o ambiente a sua volta estiver barulhento e agitado, você ainda pode andar no ritmo de sua respiração. Na confusão de uma cidade grande, você ainda pode caminhar com paz, felicidade e um sorriso interior. Isso é o que significa viver por inteiro em todos os momentos de todos os dias de sua vida.

A CONSCIÊNCIA DO AMOR

Caminhando com atenção plena, com amor e compreensão, podemos nos tornar profundamente conscientes de todas as coisas neste planeta. Percebemos que as folhas das árvores são de um verde claro impressionante na primavera, um verde vibrante no verão, amarelo, laranja e vermelho no outono; e então, no inverno, quando os galhos estão nus, as árvores permanecem altas, fortes e bonitas, abrigando vida em seu âmago. A Mãe Terra recebe as folhas caídas e as desintegra para criar novos nutrientes para a árvore, de modo que ela possa continuar a crescer.

NÓS NÃO ANDAMOS SOZINHOS

Quando andamos, não estamos andando sozinhos. Nossos pais e ancestrais estão sempre andando conosco. Eles estão presentes em todas as células de nossos corpos. Então cada passo que nos traz cura e felicidade também traz cura e felicidade para eles. Cada passo com mindfulness tem o poder de transformar a nós e aos nossos antepassados dentro de nós, incluindo nossos ancestrais animais, vegetais e minerais. Nós não caminhamos apenas por nós mesmos. Quando andamos, andamos por nossa família e por todo o mundo.

RETORNANDO

Não precisamos esperar até a nossa morte para voltarmos para a Mãe Terra. Na verdade, estamos no processo de voltar para a Mãe Terra agora mesmo. Milhares de células em nossos corpos estão morrendo a cada momento, e novas estão nascendo. Sempre que respiramos, sempre que caminhamos, estamos voltando à Terra.

GRATIDÃO

Quando fazemos meditação caminhando, podemos dar cada passo com gratidão e alegria porque sabemos que estamos andando sobre a Terra. Podemos caminhar com passos delicados, em reverência à Mãe Terra que nos deu à luz e de quem somos parte. A Terra sobre a qual estamos andando é sagrada. Devemos ser muito respeitosos porque sabemos que estamos andando sobre a nossa mãe. Sempre que andamos, estamos andando na Mãe Terra, então qualquer lugar onde estejamos pode se tornar um santuário sagrado.

CORPO INTEIRO, MENTE INTEIRA

Não finja estar caminhando com atenção plena quando na verdade está planejando suas compras de mercado ou sua próxima reunião. Caminhe com seu corpo e sua mente inteiros. Cada passo contém compreensão. Cada passo contém felicidade. Cada passo contém amor — amor e compaixão pela Terra e por todos os seres, assim como por nós mesmos. Por que andamos assim? Para estar em contato com a grande Terra, para estar em contato com o mundo ao nosso redor. Quando estamos em contato, quando estamos totalmente conscientes da maravilha de andar sobre a Terra, cada passo nos nutre e nos cura. Trinta passos dados com esse tipo de compreensão são trinta oportunidades de nos nutrirmos e curarmos.

DESPERTAR

Meditar caminhando é um jeito de despertar para o momento maravilhoso em que estamos vivendo. Se nossas mentes estiverem presas e preocupadas com nossos problemas e nosso sofrimento, ou se nos distrairmos com outras coisas enquanto caminhamos, não poderemos praticar a atenção plena; não poderemos desfrutar do momento presente. Estamos deixando a vida passar. Mas se estamos acordados, então veremos isso como um momento maravilhoso que a vida nos deu, o único momento no qual a vida está disponível. Podemos valorizar cada passo que damos, e cada passo pode nos trazer felicidade porque estamos em contato com a vida, com a fonte da felicidade e com nosso amado planeta.

ANDANDO EM VEZ DE DIRIGIR

Às vezes não precisamos realmente de usar o carro, mas como queremos escapar de nós mesmos, nós descemos e ligamos o carro. Se recitarmos a frase "Antes de ligar o carro, sei para onde estou indo", isso pode ser como uma lanterna — poderemos ver que não precisamos ir a lugar nenhum. Você não pode escapar de si mesmo aonde quer que vá. Às vezes é melhor desligar o motor e sair para caminhar. Pode ser mais agradável fazer isso.

MASSAGEANDO A TERRA

Quando caminhamos com atenção plena, nossos pés estão massageando a Terra. Plantamos sementes de alegria e felicidade com cada passo. A cada passo, uma flor nasce.

SEM PRESSA

Permita-se tempo suficiente para caminhar. Se você normalmente se dá três minutos para ir de seu carro até sua porta, dê a si mesmo oito ou dez minutos. Eu sempre me dou uma hora extra quando vou para o aeroporto para praticar meditação caminhando quando estou lá. Às vezes meus amigos querem prolongar suas visitas até o último minuto, mas sempre resisto. Eu digo a eles que preciso de tempo, e faço minhas despedidas mais cedo.

CAMINHAR É UMA CELEBRAÇÃO

Quando você caminha, se está consciente de que está vivo, isso já é esclarecimento. Você tem consciência de que tem um corpo, isso já é esclarecimento. Você tem consciência de que seus pés são fortes o bastante para desfrutar de sua caminhada, isso também é esclarecimento. Quando você anda, pode ser uma celebração. Quando você respira assim, você está celebrando a vida.

CAMINHANDO COM CRIANÇAS

Caminhar com crianças é um jeito maravilhoso de praticar o mindfulness. De vez em quando, a criança pode querer correr na frente e então esperar que você a alcance. Uma criança é um sino de atenção plena, nos lembrando de como a vida é maravilhosa. Podemos lembrar as crianças de que meditar caminhando é um jeito maravilhoso de se acalmar quando elas têm sentimentos fortes ou estão preocupadas. Podemos andar com elas sem dizer nada, apenas caminhar lado a lado. Nossa respiração é um lembrete delicado para que elas respirem a cada passo.

MEDITAÇÃO
CAMINHANDO

RESPIRANDO E ANDANDO

Nossa inspiração tende a ser um pouco mais curta que nossa expiração. Quando você inspirar, dê dois ou três passos. Isso é determinado por seus pulmões. Se seus pulmões querem dois passos enquanto você inspira, então dê exatamente dois passos. Se você se sentir melhor com três passos, então dê a si mesmo três passos. Ao expirar, também escute seus pulmões e deixe que eles determinem quantos passos você pode dar enquanto expira. No início, pratique dois passos para a inspiração e três para a expiração: *dois, três; dois, três; dois, três*. Depois, pode ser *três, quatro* ou *três, cinco*. Se sentir que precisa dar mais um passo ao inspirar, então se permita desfrutar de mais um passo. Quando você sentir que quer dar mais um enquanto expira, então se permita acrescentar outro passo ao expirar. Todo passo deve ser agradável.

DEIXANDO O BUDA ANDAR

Vários anos atrás, estava em Seul, na Coreia do Sul, para liderar uma grande meditação caminhando pela cidade. Quando chegou a hora de liderar a caminhada, achei muito difícil andar porque havia centenas de cinegrafistas se aglomerando sobre mim. Não havia nenhum caminho por onde andar. Eu disse: "Querido Buda, eu desisto. Ande por mim". Buda veio imediatamente e andou. O caminho ficou livre. Depois dessa experiência, escrevi uma série de poemas que podem ser usados a qualquer hora, mas especialmente quando andar ou respirar forem desafiadores.

> *Deixe Buda respirar,*
> *Deixe Buda andar.*
> *Não preciso respirar,*
> *Não preciso andar.*

A ARTE DE CAMINHAR

Buda está respirando,
Buda está andando.
Eu gosto de respirar,
Eu gosto de andar.

Buda é o respirar,
Buda é o andar.
Eu sou o respirar,
Eu sou o andar.

Há apenas o respirar,
Há apenas o andar.
Não há ninguém respirando,
Não há ninguém andando.

Paz ao respirar,
Paz ao andar.
Paz é a respiração,
Paz é o andar.

ANDANDO COM POEMAS

Você pode andar usando *gathas*, pequenos poemas, para praticar. Combine sua respiração e seus passos e ande de acordo com o ritmo do poema. Faça isso de forma que os poemas e seus passos fiquem no mesmo ritmo. Às vezes, minha inspiração são dois passos e minha expiração são três. Às vezes, minha inspiração são três passos e minha expiração quatro passos. Especialmente no início, expirar é sempre mais longo que inspirar. Você pode mudar o poema, acrescentando ou removendo palavras para igualar o ritmo de seus passos. Quando você medita correndo ou trotando, pode inspirar e dar quatro passos, expirar e dar cinco passos. Abrigue-se pacificamente no significado do poema no momento presente. Não deixe sua mente se afastar muito. Não queira ser poético a ponto de se esquecer da prática. O objetivo principal é cultivar mais concentração.

A ARTE DE CAMINHAR

Dentro. Fora.
Fundo. Devagar.
Calma. Tranquilidade.
Sorriso. Liberação.
Momento presente.
Momento maravilhoso.

A ILHA DO EU

O *gatha* no qual eu frequentemente busco refúgio é o *Voltar para a ilha de mim mesmo*. Quando a vida parece um oceano turbulento, precisamos lembrar de que temos uma ilha de paz no interior. A vida tem altos e baixos, idas e vindas, ganhos e perdas. Abrigado na ilha do eu, você está seguro. Quando Buda estava morrendo, ele nos ensinou a não buscar refúgio em mais nada nem mais ninguém, mas nos refugiarmos em nossa própria ilha. Inspire, dê dois passos e diga: "Buscando refúgio". Expire, dê três passos e diga: "Na ilha do eu". Ou mude isso para "Eu volto. Me refugio". Você sempre pode ajustar qualquer poema que escolheu para praticar com ele.

A ARTE DE CAMINHAR

Inspirando, eu volto
Para a ilha dentro de mim mesmo.
Há belas árvores
nessa ilha.
Há rios de águas límpidas.
Há pássaros,
luz do sol e ar fresco.
Expirando, eu me sinto seguro.
Eu gosto de voltar
para minha ilha.

CAMINHANDO DEVAGAR

Quando você está sozinho, pode praticar meditação caminhando devagar. Escolha uma distância de cerca de três metros e, enquanto atravessa essa distância, dê um passo para cada inspiração e um passo para cada expiração. Com o primeiro passo, você pode dizer em silêncio: "Eu cheguei". Com o passo seguinte, você pode dizer em silêncio: "Eu estou em casa". Se você não está completamente no aqui e agora, fique onde está e não dê outro passo. Desafie a si mesmo. Inspire e expire outra vez até sentir que está por inteiro no aqui e agora. Então dê um sorriso de vitória. Em seguida dê um segundo passo. Isso é para aprender um novo hábito, o de viver no momento presente.

PRÁTICA EM FAMÍLIA

Saia para uma caminhada lenta com seus filhos antes de dormir. Dez minutos é o suficiente. Se seus filhos quiserem, vocês podem dar as mãos para andar. Seu filho vai receber sua concentração e estabilidade, e você vai receber a inocência e o frescor dele. Pessoas jovens podem querer praticar esse poema simples enquanto caminham. Elas podem dizer a si mesmas "Sim, sim, sim" enquanto inspiram, e "Obrigada, obrigada, obrigada" enquanto expiram. Conheço muitas crianças que gostam muito desse poema.

ESTAR NO MOMENTO PRESENTE

Alguns de nós não precisam usar palavras para se concentrar, mas no início da prática pode ser muito útil. Elas nos ajudam a nos concentrar, e a nos mantermos no aqui e agora. Quando você inspirar dê dois passos, e diga para si mesmo: "Eu cheguei, eu cheguei". Expire, dê três passos e diga para si mesmo: "Eu estou em casa. Eu estou em casa. Eu estou em casa". Isso não é uma afirmação, é uma prática. Chegue no aqui e agora e tenha uma forte determinação para parar e não correr mais. Você pode dizer "Cheguei, cheguei" enquanto inspira, e "Em casa, em casa, em casa" ao expirar. Depois de passar algum tempo com "Cheguei em casa", você pode mudar para "Aqui, agora" e depois para "Estável, livre".

A ARTE DE CAMINHAR

Eu cheguei.
Eu estou em casa
No aqui,
No agora.

Sou estável.
Sou livre.
No definitivo
Eu me abrigo.

O BELO CAMINHO

A mente pode ir em mil direções,
Mas neste belo caminho, eu ando em paz.
A cada passo, sopra um vento suave.
A cada passo, uma flor desabrocha.

A mente corre de uma coisa para outra como um macaco pulando de galho em galho sem parar para descansar. Pensamentos têm milhões de caminhos, e somos sempre puxados por eles para o mundo do esquecimento. Se pudermos transformar o caminho que andamos em um campo para a meditação, nossos pés vão dar todos os passos com total consciência, nossa respiração vai estar em harmonia com os nossos passos, e as nossas mentes vão estar naturalmente tranquilas. Todo passo que dermos irá reforçar nossa paz e alegria e fazer com que uma onda de energia de tranquilidade flua através de nós.

SE REFUGIANDO NA TERRA

Quando conseguimos nos voltar para nós mesmos e nos refugiar em nossa própria ilha interior, nos tornamos uma casa para nós mesmos e, ao mesmo tempo, um refúgio para outras pessoas. Andar completamente ciente do seu corpo e da sua mente pode libertá-lo da raiva, do medo e do desespero. Cada passo pode expressar seu amor pela Terra. Enquanto caminha, você pode dizer:

A cada passo,
Volto para casa na Terra.
A cada passo,
Retorno a minha fonte.
A cada passo,
Eu me refugio na Mãe Terra.

A ARTE DE CAMINHAR

Ou, enquanto você anda, pode dizer:

Eu amo a terra.

Estou apaixonado pela Terra.

UMA CARTA PARA A TERRA

Querida Mãe Terra,

Toda vez que pisar sobre a Terra, vou me treinar para ver que estou andando sobre você. Toda vez que ponho o pé na Terra, tenho uma chance de estar em contato com você e todas as suas maravilhas. Com cada passo posso tocar o fato de que você não está apenas embaixo de mim, mãe querida, mas está também dentro de mim. Cada passo pleno de atenção e delicado pode me nutrir, me curar, e me botar em contato comigo mesmo e com você no momento presente.

Andando com esse espírito, posso experimentar o despertar. Posso despertar para o fato de que estou vivo, e que a vida é um milagre precioso. Posso despertar para o fato de que nunca estou sozinho e nunca vou morrer. Você estará sempre ali, dentro de mim, e ao meu redor a

A ARTE DE CAMINHAR

cada passo, me nutrindo, me abraçando e me levando para o futuro. Querida mãe, hoje prometo retribuir seu amor e realizar esse desejo ao infundir amor e carinho em cada passo que dou em você. Estou andando não apenas sobre matéria, mas sobre espírito.

TÍTULOS RELACIONADOS

A arte de amar, de Thich Nhat Hanh

A arte de comer, de Thich Nhat Hanh

A arte de sentar, de Thich Nhat Hanh

Awakening Joy, de James Baraz e Shoshana Alexander

Be Free Where You Are, de Thich Nhat Hanh

Deep Relaxation, de Irmã Chan Khong

Felicidade: práticas essenciais para uma consciência plena, de Thich Nhat Hanh

Making Space, de Thich Nhat Hanh

Not Quite Nirvana, de Rachel Neumann

Planting Seeds, de Thich Nhat Hanh e da comunidade Plum Village

Respire! Você está vivo. Sutra sobre a plena consciência na respiração, de Thich Nhat Hanh

Ten Breaths to Happiness, de Glen Schneider

The Long Road Turns to Joy, de Thich Nhat Hanh

World As Lover, World As Self, de Joanna Macy

A ARTE DE CAMINHAR

Monges e leigos praticam a arte da vida com atenção plena na tradição de Thich Nhat Hanh em retiros comunitários pelo mundo. Para falar com alguma dessas comunidades ou para obter informações sobre um período de prática para indivíduos e famílias que queiram se juntar a elas, por favor, entre em contato com:

13 Martineau
Plum Village
33580 Dieulivol, França
plumvillage.org

Mosteiro Magnolia Grove
123 Towles Rd.
Batesville, MS 38606, Estados Unidos
magnoliagrovemonastery.org

Mosteiro Blue Cliff
3 Mindfulness Road
Pine Bush, NY 12566, Estados Unidos
bluecliffmonastery.org

Mosteiro Deer Park
2499 Melru Lane
Escondido, CA 92026, Estados Unidos
deerparkmonastery.org

The Mindfulness Bell, jornal sobre a arte da vida com atenção plena na tradição de Thich Nhat Hanh, é publicado três vezes por ano pela Plum Village.

Para assinar ou ver o diretório mundial de Sanghas, visite *mindfulnessbell.org*.

Este livro foi impresso pela Assahi, em 2021,
para a HarperCollins Brasil. O papel do miolo é
pólen bold 90g/m², e o da capa é cartão 250g/m².